Josef Steidle

LEIT LASST'S EUCH ZEIT

JOSEF STEIDLE

Leit laßt's Euch Zeit

4. Auflage

VERLAG R. S. SCHULZ

4. Auflage

Inh.: Dr. jur. h. c. Rolf S. Schulz
W-8130 Starnberg-Percha, Berger Straße 8 bis 10
Telefon (0 81 51) 1 49-0, Telefax (0 81 51) 1 49-56
Telex 5 26 427 buch

Grundschrift: Linotype Garamond-Antiqua

Gesamtherstellung: SOV Graphische Betriebe, Bamberg

ISBN 3-7962-0126-1

Sie erreichen uns auch über

Bildschirmtext
* 30717 #

Inhaltsverzeichnis

Seite

Seite

Leit, laßt's Euch Zeit

Leit, laßt's Euch Zeit,
seid's doch so gscheit.
Sonst werd't's nervös
und krank und bös.
Und was is dann,
wenn mia so san?
Wer d'Ruah verscheicht
hat's nimmer leicht.
Was kann as Lebn
oam dann no gebn?
Drum seid's do gscheit
und laßt's Euch Zeit.

München international

Wenn im Englischen Garten
am Chinesischen Turm
a amerikanische Musikkapelln
an „Persischen Markt“ spielt,
zwoa indische Studenten
an ungarischen Schäferhund
mit Frankfurter Würstl füttern,
a pechschwarzer Kongo-Neger
Salzburger Nockerl bstellt,
a koreanische Krankenschwester
an Tölzer Schützenmarsch pfeift,
und a kloans Italiener-Maderl
an Türkischen Honig ißt, –
dann woaß a jeder, daß
München international is.

Guat gehts de Leit

Guat gehts de Leit, wia nia zuvor.
Frei san de Leit, wia nia zuvor.
Zeit ham de Leit, wia nia zuvor.
Und unz'friedn san s', wia nia zuvor.
– Weil s' alles habn, wia nia zuvor. –

Wenn ma's kaannt

Täglich kon ma's hörn und lesn:
Wenig tringa, wenig essen!
Nixn raucha, net vui sitzen
und oamoi am Tag fest schwitzen.
Nacha bleibt ma gsund und frisch
und lebendig wia a Fisch.
Aber wer kon's denn scho graten,
's Bier, an Wein, an schweinern Braten.
Und wer mag denn scho rumlaaffa
und sich Schweißausbrüch eikaaffa?
Und d' Zigretten, de so schmeckt!
Kon ma 's, daß ma s' weggalegt?
Freilich, wenn ma's kaannt, na schaugat
alls ganz anders aus; ma taugat
grad wia früher und ma werat
hundert Jahr alt und ma ghörat
zu de gsunden, jungen Leit.
Fragt sich bloß, was 's scho bedeit.
Ob 's net gscheider is, es lebt
jeder so, wia 's er dahebt.
Ißt und trinkt, raucht, was er ko,
packt er 's net, na siecht er 's scho.

Sei tuats scho was

Es is scho manchmal a rechts Gfrett!
Ma mag sich doch oft selber net.
Da sollt' ma dann de andern meng.
Sei tuats scho was, wenn i so deng.

Der Beiß

Es is scho z'wider, arg und dumm!
Der Beiß geht wieder amoi um.
In Sendling draußen is er scho
und packt de Kloan und Großen o.
Und 's dauert koane vierzg, fuchzg Stund,
dann is er z'Untergiasing drunt.
Von da – koa Mensch halt'n net auf –
beißt er sich nach Haidhausen nauf;
dann naus nach Trudring, Berg am Loam.
Bis d'schaugst, is er z'Föhring dahoam.
Weiter gehts über Moosach hi
zur Lerchenau, Fasanerie.
Und auf'm Weg da greift er no
de Milbertshofner recht gfeit o.
z'Feldmoching, z'Menzing, z'Allach hint
schnappt er nach Manner, Frau und Kind.
In a paar Tag is er so weit
und hat sich über d'Stadt verbreit'!
Bis auf Bog'nhausen, Herzogpark!
Warum macht er sich da net stark?
Und z'Harlaching waar's ganz was Nei's,
wenn er sich zoagn taat dort, der Beiß.
De Vierteln mag er net zum Beißen.
Wahrscheinlich san eahm da z'vui Preißen.

De taan an ja net amoi kenna
und kaantn 'n net beim Nama nenna.
Da taat a eahm nadierle stinga!
Drum laßt er in der Hauptstadt Minga
sich bloß da sehng, wo jeds glei gneißt,
daß jetzt der Beiß wieder zuabeißt.
Da sagt koa Mensch: „An Juckreiz hamma"
und woaß Gott was für andre Nama.
Für de is er aa gar nix Nei's.
„Jetzt is er wieder da, der Beiß",
sagn s', grad wia wenn s' am alten guat Bekannten
Grüaß Gott sagn taan – oder am nah Verwandten.
Weil er net gfährlich is, net tödlich,
ja für a Krankheit no recht redlich,
ham d'Münchner eigentlich auf eahm
koan Haß. Zwar finden s' 'n net zeam,
doch wissen s' alle, Kind und Greis:
Es gibt was Schlimmers wia an Beiß.
Schimpfts net glei, wenn er ab und zua
uns überrascht in unsrer Ruah.
Oans wiß' ma doch, daß er, der Beiß,
a alter Münchner is und net a Preiß.
Und daß er wieder geht is schö!
Und net auf ewig bleibt, wia de.

Der Anzug

Der Hiasl is mit seiner Frau
am Samstag eig'ladn auf a Feier.
So vui ma hört, soll 's eine Schau
und extra nobel wern beim Meier.

„Du, Oide, moanst i soll den Blauen,
den Dunkeln oziahng? Oder net?
Oder i nimm liaba den Grauen,
den Anzug, der mia so guat steht."

„Wennst moanst, na ziahgst den Grauen o,"
sagt sie, „wias d' wuist, mei liaber Mo."

„Wia waar's mi'm Brauna, mit de Streifen,
der paßat doch heit aa net schlecht!
Tragst du de Blusn mit der Schleifen?
De waar grad zu dem Anzug recht."

„Wennst moanst, na ziahgst den Braunen o,"
sagt sie, „wias d'wuist, mei liaber Mo."

„Aber der beige, mit der Westen,
der machat mi net gar so dick!
Waar gar der Smoking no am besten?
Der waar vielleicht heit 's rechte Stück."

„Wennst moanst, na ziahgst an Smoking o,“
sagt sie, „wias d’ wuist, mei liàba Mo.“

„Da fallt mia ei, hat net der Meier
gsagt, heit is ’s *boarisch* alls mitnand?
Dann is ’s doch *klar,* zu *dera* Feier
genga mia zwoa mi’m Trachtengwand.

Bloß, soll i jetzt den anthrazitern
oder an Lodenanzug tragn?
Du Oide, der taat net so knittern,
was moanst denn, magst ma’s du net sagn?“

„Wennst moanst, na ziahgst den Loden o,“
sagt sie drauf, a weng grantig scho.

Da werd er wuid, der Hias und schreit:
„Was hoaßt, wennst moanst, wias d’wuist,
zum Teife holn!
Des is doch schlimm, wenn d’Weiberleit
sich net entscheiden kenna, was sie wolln.“

Wenns d' nimmer woaßt

Wenns d' statt an Gashahn s' Liacht ausschaltst,
wenns d' statt bei Rot- bei Grünliacht haltst,
wenns d' Brilln suachst und plötzlich net woaßt,
nach was d' jetzt eigntli laafst und roast.
Wenns d' nimmer so ganz sicher bist,
ob Dienstag oder Mittwoch ist.
Wenns d' unterm Autofahrn vergißt,
wos d' hifahrn wuist. Wenns d' als a Christ
vom Abraham sagst, er waar der,
von dem die Zehn Gebote her.
Wenns d' oafach net um all's mehr woaßt,
wia Tante z' Dachau draußen hoaßt.
Wenns d' di so endlos weit verlierst
und d'Hautcrem auf 's Zahnbürstl schmierst.
Wenns d' moanst, de Schuah, de san de dein',
derweil san des an Buam de sein'.
Wenns d' sagst: „As Telefon hat g'läut'",
und 's is koans ei'gricht, weit und breit.
Wenns 'd statt am Salz an Griaß hernimmst
und auf den Irrtum gar net kimmst.
Wenns d' deiner Frau, weils d' nimmer denkst,
desselbe Gschenk glei zwoamal schenkst,
mei Liaber, aber na fehlts weit,
na is de allerhöchste Zeit,
daß d' ausspannst und zum Doktor gehst,
denn dann bist ohne Zweife g'streßt.

Nackat, nackat

Nackat is heit wieder Mode,
nackat is heit wieder gfragt,
nackat mögns Schwarze und Rote,
nackat is's, was ma heit tragt.

Nackat is des Allerschöna,
steht heit in der Zeitung drin,
d'Nasti sagt's, de muaß's ja kenna,
sie als Filmschauspielerin.

Nackat liegn s' am Meer, im Sand,
nackat san's im Kino z'sehng,
nackat mögn sie 's, ohne Gwand,
nackat laaffa s' aa im Regn.

Nackat sagn s', des is natürlich,
nackat kimmt ma aa auf d'Welt,
nackat is net ungebührlich,
nackat sei, dös is's, was zählt.

Wenn i wüßt, daß neambd was sagat –
und mein Gwissn mi net plagat,
kunnt leicht sei, daß's i no packat
und aa no wo nackat flackat.

Muaß denn dös sei?

Muaß denn dös sei, wenn ma altert,
daß ma runzlig werd und g'faltert.
Bsonders da, wo ma 's glei siecht
und wo ma 's net mag – im G'sicht.

Kaant 's net sei, es taan se d' Falten
konzentriert am Hintern halten?
Sehgats doch koa Mensch da dort;
's waar ganz gwiß der beste Ort.

Freilich waar 's a komisch' Gfui
– ob am Diwan oder Stui –
wenns d' auf lauter Falten sitzt.
Und vor allem, wenns d' recht schwitzt.

Aber 's Gsicht bleibat halt schöna!
Und gar neambd taat feststelln könna,
ob ma jung ist oder alt.
's waar scho ebbas, was oan gfallt.

Daß ma 's Alter bstimma kaant,
müaßt ma – dös waar dann koa Schand –
halt an Hintern oschaugn lassen.
Freilich taat's net jedem passen.

Doch i moan, es ist halt so:
Liaber is 's de meisten scho,
daß ma d' Jahr da lesen ko,
als ma siechts am Gsicht oan o.

Des moana s' –

De Preißn moana, daß mia Bayern
des ganze Jahr bloß Feste feiern.
Schuhplatteln, jodeln, Gamsböck jagn,
anander Maßkrüag auffe schlagn,
Blasmusi spuin und Fahna schwinga
und täglich vier, fünf, sechs Maß tringa.
Daß mia beim Tag Edelweiß brocka
und abnds im Wirtshaus drinna hocka
und Fingerhakeln, Wattn, Schnupfa,
der Kellnerin an Rock nauflupfa.
Daß mia von Weißwürst lebn und Knödl
und daß in unsre Bayernschädl
nix neigeht wia as Oamoioans,
weil – Hirn hän mia ja so fast koans.
Und des is mit der Grund, warum s' uns mögn.
Ma kon's eah' net verdenga, daß deswegn
de Meinung ham, sie müaßten uns regiern,
uns d'Arbat oschaffa, uns leitn, führn.
Ganz überrascht san s' dann, wenn mia rebelln;
auf oamoi Zähn zoagn, aufdrahn, d'Haar aufstelln.
Sie könna's gar net glaubn, daß mia so san
und moana, daß s' uns ja was Guats otaan.
Wissen net, daß a Bayer vui verkraft',
bloß net, wenn eahm a Preiß a Arbat schafft.

Da wern mia belzig, des dapack ma net
– und wenn mia spürn, sie halten uns für bläd –.
Doch wenn s' an Schwanz eiziahng, uns nix mehr wolln,
sich so benehma wia s' sei solln,
dann laß ma s' glaubn von uns was s' mögn
und tragn eahna nix nach desweng.
Aa dann, wenn s' moana mia hän nix wia Durscht,
weil – im Prinzip – is 's uns doch ehrlich wurscht.

Neilings beim Roßtag

Hat ma's erst neilings beim Roßtag
z'Enterrottach wieder oana gsagt,
– hat sich zu mir herg'hockt und hab 'n
überhaupt net danach gfragt –
daß er nia mehr z'ruckgaang
nach Hannover. In Bayern is 's ja so schö!
Er lebt jetzt scho zwanzg Jahr lang da
und hat a Haus am Tegernsee.
Und d'Leit san so freindlich!
Spazierngeh kon ma so guat überall!
Und d'Luft is so gsund!
Auf de Berg grad so wia herunten im Tal.
Aber jetzt müassat ma obacht gebn,
zweng de Grundstück verkaaffa!
's taan oiwei no mehra vo drobn
an Tegernsee herlaaffa.
Da taat ma ja dann bald
koane einheimischen Laute mehr hörn.
Wo ma doch de Sprach jetzt
so guat versteht – und mag ma s' so gern.
Dann kaant ma se ja
vor lauter Fremde gar nimmer halten.
Des müaßat ma bald –
und auf jeden Fall g'setzmaßig ausschalten.

Z'erst kaamatn s' in Urlaub her,
mit oam oder zwoa Koffer,
na taan s' de letzten Plätz nehma.
So hat er gsagt, der aus Hannover.
Da prost' uns oana nebno zua:
„Sollts lebn, Preißen, im Bayernland."
Da hab i wieder so recht gmerkt:
Wia san mia Bayern tolerant!

De armen Teifi drobn

Für an Bayern is a Fahrt
nauf nach Norden oiwei hart.
Und koam Münchner is ganz wohl,
wenn er über d'Donau soll.
Fahrt er auf der Donaubruck
denkt er: Da geht's wieder z'ruck.
Und er zählt ganz schnell de Tag,
de er ausblei'm muaß – und mag.
Tief befriedigt stellt er fest:
Von dem Furtfahrn is des best,
daß 's bald wieder hoamwärts geht!
Länger drobn bleibn packt er net.
Leid tean eahm ja bloß de selln,
de sich drobn mi'm Lebn abquäl'n.
Aber mei, wer drobn geborn,
und a Norddeutscher is worn,
woaß 's net anders wia a so
und is drum net so schlimm dro.
Aber d' Bayern tuats verdriaßn,
de 's ganz Jahr drobn arban müassen.
Sie san wirklich – ohne Zweife –
scho de allerärmsten Teife.
Dazua ghörn aa ohne Frag
alle Boarn im Bundestag.

Drum – gehört net von drobn in Bonn
’s Land regiert, sondern – in Glonn.
Oder z’Mainburg, z’Reichenhall;
schö is bei uns überall.
Aber was waar nacha los!
Nacha hän mia de ganz Soß
ständig da bei uns in Bayern.
Nebn Regiern taan s’ Feste feiern.
Und koa Mensch kaant s’ mehr vertreibn;
eahna Lebn lang taan s’ dableibn.
Drum moan i, es is des Gscheider,
d’ Volksvertreter fahrn aa weiter
nauf nach Bonn wia bisher aa,
sonst hän mia ja alle da.
Ja, dös Opfer müassens bringa
für ihr Bayern und ihr Minga.
Und wenn oana nimmer ko,
laßt er halt an andern no.

Der Ochse Muckl

Der Kreizmoar hat an Ochsen kaaft
vom Glasl; er hoaßt Muckl.
Der hat a Schmalz, der hat a Kraft!
Mit seinem broaten Buckl
legt er sich nei ins Gschirr und ziahgt
grad wia a Riesen-Elefant,
so daß sich Deichsel glei obbiagt.
A so is er, der Muck, beinand.
An solchan kriagt er net glei wieder,
an solchan hat er no net ghabt.
Bloß oans macht'n an Kreizmoar z'wider,
nia hätt er von am Ochs des glaabt:
Wenn der as Elfe-Läuten hört,
na kon er grad toa was er mag,
aa wenn der Kreizmoar no so plärrt,
na geht er hoamzu, Tag für Tag.
Da Bauer hat scho all's o'gstellt,
damit der Muck de Gwohnheit laßt,
doch nix hat g'holfa, net um d'Welt,
hat sich der Muck dem Druck opaßt.
Waaht's drauß am Acker oder Feld
um Elfe 's Läuten zu eahm hi,
wern vom Muck d'Ohrwascheln aufgstellt,
und scho geht's hoamwärtszua dahi.

Nix hat da Kreizmoar macha könna,
er hat se nach eahm richten müassen.
Am liabsten taat er 'n ja darenna
und schwörn tuat er: Des werst no büaßen.

Und so is 's kemma. Im August
hat 'n der Muck so narrisch gmacht,
daß er in d'Stadt is, vollbewußt,
was er jetzt mit'm Muckl macht.

6 Wocha drauf hat sich der Muck
am Spiaß draaht beim Oktoberfest.
Punkt elfe steht der Kreizmoar Luk
vor eahm und fragt: „Bist jetzt der Größt?

Hörst d' 's Elfeläuten, Muck, was is?
Wuist ebba net auf und davo?
Dahoam warst du der Stärka gwiß,
doch jetzt schiabst du mir nimmer o.

Doch weils d' so fleißig warst, so stark,
hab i mir denkt: Machst eahm a Freid.
Sei letztes Platzerl, is 's aa arg,
soll d' Wiesn sei, wenn 's Elfe läut.

Wennst d' gfolgt und mi net g'ärgert hä'st,
kaanst heit no umananda laaffa.
So könna am Oktoberfest
d'Leit stücklweis dein Körper kaaffa.

Dei Hirn war z'wene, d'Kraft war z'vui,
des hat dir's Lebn kost, oider Schwed.
Doch tröst di, auf der Welt geht's vui
so. Bloß mit Kraft – da geht's halt net.

Und gscheida is 's, du steckst am Spiaß
und schmeckst der Zenz, dem Sepp, dem Hias,
als daß d' in Wanne-Eickel land'st
und aus a Dosen aussazahnst."

Im Falle der Wiedergeburt

Wennst du dro glaabst, daß d' wieder kimmst,
na is dös gscheiteste, du nimmst
an Bogn Papier und sitzt d' di hi
und schreibst dei Testament auf di.

Brauchst di, wenns d' wieder da bist
nimmer a so schinden.
Bloß oans merk dir: Dei Testament
muaßt wieder finden.

Warum as Geld net glangt

Warum as Geld net glangt, is klar,
ma braucht halt z'vui des ganze Jahr!
Auf Weihnachten a Gschenk von Wert
gibt ma scho her, weil sich des ghört.
Dann geht ma auf an Faschingsball,
vielleicht sogar a zwoa-dreimal.
Drauf kimmt der Schiurlaub z'Davos.
Zwoa Tausender bist d' da glei los.
Kimmst z'ruck is Ausverkaufsbeginn;
da san fünf Hunderter scho drin.
Und scho wart er, der Osterhas
und nimmt oan aa scho ganz schö was.
Auf Pfingsten fahrst a paar Tag gschwind
nach Südtirol mit Frau und Kind.
z'Fronleichnam hängst an Freitag dro,
schaugst vier Tag London näher o.
Im Juli falln d'Geburtstagsfest,
da kaaft ma schließlich aa des best.
Dann kemma d'Ferien scho – vier Woch'!
Da reißts oan aa a saubers Loch
in Briaftaschen, weil auf Hawaii
kimmt ma ja grad net billig bei.
Da Bua, der möcht a Moped ham
und s'Madl mit der Schulklaß z'samm

fahrt vierzehn Tag nach Frankreich nei.
Natürlich muaß's für Bildung sei!
Und weil as Auto z'ammarost
muaß ma a nei's ham. Weil's nix kost!
d'Frau braucht – und des is aa koa Scherz –,
damits' net friert, an warmen Nerz.
Und scho kimmt wieder s'Weihnachtsfest.
Vom Gsparten bleibt oan net a Rest.
As Konto muaß ma überziang,
damit ja alle was Gscheits kriang.
Da siehgt ma doch, wia schlecht's uns geht,
da arbat ma 's ganz Jahr wia bläd
und s'Geld des glangt halt oafach net.

Wer wui sich denn scho heit no plagn

Wer wui sich denn scho heit no plagn,
Holz hacka oder Baam umschlagn?
Dawei waar grad dös für uns gsund!
Der Mensch is fei a dummer Hund!

Ob i was naahm?

Grea leichten d'Äpfe her
vom Nachbarn seine Baam.

Ob i oa naahm?
Net im Traam,
weil i mi schaam.

Da kimt d'Nachbar-Liesl,
lacht mi o, a bißl.

Ob i mi schaam,
wenn i sie naahm?
Kaam!

Heit, Deandl, aber heit

Deandl, ziahg's o, dei Sonntagsgwand!
Deandl, heit tanz ma mitanand.
Heit tanz ma links und rechts, wia's kimmt.
Deandl, heit samma lusti gstimmt.

Heit tanz i mit dir ganz alloa.
Und kimmt a andrer von der Gmoa
und möcht di auf'n Tanzbodn holn,
na kon er sich glei wieder trolln.

Heit tanz i mit dir jeden Tanz,
heit ghörst ma, Deandl, ghörst ma ganz.
Und außer mia, da ghörst du koam.
Und daß d' as woaßt: I bring di hoam!

Der Flockie

Da Flockie war a ganz Odraahter,
a Foxl wars, vom Westend drauß.
Dahoam war er oiwei a Staader,
doch auf der Straßn, da wars aus.

Kaam is er aus der Haustür gwesn,
na hat er umanander glurt,
ob's net was b'sonders gibt zum Fressn
und ob se nix zum Raaffa tuat.

De Trambahnschaffner von der Neina,
de ham an Flockie alle kennt,
denn oft is er in d'Trambahn eina
oder er is ihr nachegrennt.

Weil Trambahn fahrn war für den Stroma
des allerliabste Steckenpferd.
Und neamats hat dro Anstand gnomma;
koa Mensch hat sich am Flockie gstört.

Er hat sich auf der Plattform hinten
in's linke Eckerl einedruckt
– damit s' 'n ja net sehng und finden –
und hat sich net a bißerl gmuckt.

Am Hauptbahnhof is er dann ausse
und mit de Leit in d'Halle nei,
da macht er allaweil sei Pause;
es fallt eahm nia woanders ei.

Kaam war er in der Halle drinna,
hat er sich gsetzt und ungeniert
– als taat er sich auf ebbas bsinna –
de blonden Madln visitiert.

Auf oamoi saust er blitzschnell wegga
und auf a hübsche Blonde zua,
tuat ihra d'Füaß und d'Wadl abschlecka
und kon se's gar net oschaugn gnua.

Der Blonden geht des Oschaugn z'Herzen;
sie hat a eigenartigs Gfui.
Der Flockie möcht – des spürts' – net scherzen.
Was denn der kloane Kerl bloß wui?

Sie streckt eahm de zwoa Arm entgegen,
da sitzt er scho bei ihr am Schoß.
Er muaß des Madl narrisch mögen,
sonst spraang er net so auf sie los.

„Wahrscheinlich hat er sich verlaafa",
denkt sie, „i moan, i bring an glei
– sonst kon i nimmer ruhig schlaffa –
zur Klärung hi zur Polizei."

Wia sie mit eahm in d'Wachstubn eine,
ham Polizisten herzlich glacht.
Und oana sagt: „A so a Feine
hat er fei lang scho nimmer bracht.

Da is ja unser Casanova,
der Flockie von der Westendstraß.
Hast wieder mal a Blonde troffa?
Du bist da scho a bsondre Raß."

Und jetzt erfahrt de junge Schöne,
warum der Flockie auf sie steht.
Und wundern tuat se sich net weni
über die Polizistenred:

„Der Flockie", hörts, „hat nebn sei'm Herrle
a Fraule g'habt, hellblond und nett,
de hat er – und zwar tiaf und ehrle –
verehrt, ja er hat's fast o'bet'.

Dann, eines Tag's, 's war scho vor Jahren,
da is s' vom Hauptbahnhof im Regn
mi'm Schnellzug nauf nach Frankfurt gfahrn,
und nia mehr hat er s' wieder g'sehgn.

Und seitdem laaft er wia besessen
in 'n Bahnhof nei und suachts' voll Schmerz.
Er kon sei Fraule net vergessen,
sie sitzt zu tiaf in seim kloan Herz.

Und wenn er dann halt oane siecht,
de so is wia sie amoi war,
na moant er halt, jetzt waar all's gricht
und sie sollt' mit, daß 's werd wia 's war.

Jetzt wissen S' über eahm Bescheid",
beend't der Polizist sei Red.
„Beneidenswert waar der Mensch heit,
der so an Kameraden hätt'."

De ganz de andern

De ganz de andern, de waarn schö,
de möchten in koa Arbat geh,
aber a Lebn führn wia de selln,
de 's ganz Jahr werkeln, koan Tag fehln,
sich von der Früah bis spät darenna,
damit sa se was leisten könna.
Und wenn sa se was gschaffen ham,
na kaamaten de andern z'samm
und sagatn, wia ungerecht
daß 's auf der Welt is. Und wia schlecht
daß 's Sach verteilt is. 's waar net schad,
wenn ma de oan was nehma taat.
Ja, ja, de andern waarn net bläd.
Und wenn 's koa Ordnung geben tät,
waar 's mit de oana bald vorbei.
Und aa der Staat kaam hinterdrei.
Drum müassen de, de arban mögn,
auf de ganz andern obacht gebn,
damit sa se ja net vermehrn
und net des ganz Gefüge störn.
Wenn s' recht gscheit re'n und Ansprüch stelln,
na ghörat eahna gsagt, de selln,
daß net der Staat da is zum Ziang
und wenn s' nix arban, aa nix kriang.
Dös g'hörat aber dann aa do.
Und dann, moan i, vergaang's eah' scho.

Frustriert und aussegspirrt

Gestern war der Hias frustriert.
d'Mare hat'n aussegspirrt
und gsagt, daß s' eahm oane stiert,
wenn er no amoi vom Wirt
in der Früah erst hoamwärts irrt.
Sie waar jetzt emanzipiert,
hat sie gmoant. Ob 's er kapiert!?
Da hat sich der Hias geniert,
denn er war net informiert,
was des hoaßt: Emanzipiert.
Hat bloß gwußt, was eahm jetzt blüaht,
wenn er so spät hoammarschiert.
Und hat gmoant, jetzt is 's passiert,
daß er demnächst – Vater wird.

Ma kon net alles wissen

Weil er gar so schlecht eischlaft,
hat eahm d'Wally Zapferl kaaft.
„So", hat s' gsagt zum Hias, „de nimmst,
und wenn s' gar san, nacha kimmst.
Nacha hol i wieder oa,
den Gfalln kon i dir scho toa.
Wenns d' net schlaffa konnst, packst oans,
wenn 's net orührt nomoi oans.
Aber mehra auf koan Fall;
fünf Tag glanga s' dir allmal."
Doch am übernächsten Tag
is der Hias scho da. „I sag,
auf de Zapferl da is pfiffa,
nixn hat des Zeig ogriffa.
Und" – er ärgert sich erregt–
„ganz abscheilich ham s' aa gschmeckt."

Wenn i amoi in 'n Himme kaam

Wenn i amoi wirklich in 'n Himme kaam
waar 's allererste was i taat, i naahm
s'Fernglas vom Petrus und i schaugat nunter,
ob s' alle gsund san meine Leit – und munter.

Und nach de Freind taat i hernach glei lurn,
ob s' drunt in Wörishofen san beim Kurn.
Oder ob s' grad beim Schafkopf zammasitzen,
vielleicht aa in der Sauna drinna schwitzen.

Bloß werd i halt leider net naschaugn könna.
I werd nämlich im Fegfeuer drunt brenna.
Wern meine liabsten Freind scho auf mi warten,
wern mi glei herwinka mit der Spielkarten.

Wern sich nadierle aufführn, wern sich gfrein.
„Endlich bist da", wern s' mia entgegenschrein.
„Jetzt wern mia z'erst oans zur Begrüßung singa,
drauf mit am Marsch, an Landler Schwung neibringa.

Und dann wern mia, wenn s' es gnädig gestatten",
wern s' sagn, „a zwoa, drei Stünderl zünftig watten."
Bloß schwindeln wia dahoam wern mia net derfa,
weil s' uns sunst alle hochkant außewerfa.

Und Bier wern mia koan Tropfa kriang zum Tringa.
No ja, sunst waarn mia ja fast wieder z'Minga.
Dös is nadierle scho a große Straf,
denn ohne Bier da bist oafach a Aff.

Und eigschürt wern s' ja bärig ham, de Kundn.
Sovui ma woaß, is 's ganz schö hoaß, da druntn.
Da kriagst an saubern Durscht, an gscherten Brand,
da haut's oan, moan i, greißli umanand.

A Molke wern s' uns gebn, uns gstandne Manna.
Und wenn s' es herstelln, wern s' recht dreckat zahna.
Und statt um 's Bier kemma um d'Molke wattn,
wo's mia um 's Bier doch leidenschaftlich taaten.

Zum Essen wern s' mia Zwieback gebn, wern s' sagn:
„Den ham no alle da herunt vertragn.
An Preßsack, Leberkaas, a sauers Züngerl,
des bringt dir dann amoi der Dienstmann Hingerl.

Vielleicht! Wenn's d' amoi auffekimmst in' Himme.
Und jetzt halts Mäu, zum Teife, Himme, Schimme."

Und trotzdem! Wenn i überleg, i moa:
Liaber im Fegfeier, bei meiner Gmoa,
wo's zünftig, grüabig ist, wo ma si mag,
wo gsunga, Musi gmacht werd alle Tag.

Und liaba Molke tringa, Zwieback würgn,
beim Watten Maxe, Spitz und Belle kriang,

als drobn im Himme Hosianna plärrn.
Und s'Manna mag i scho vom Hörn net gern!

– Und kennst koan Menschn drom, kon sei, a zwoa.
Und grad mit dene magst d' vielleicht nix toa.
In' Himme – ehrlich – mag i fei bloß dann,
wenn meine Leit, d'Familie, d'Freind drin san.

Sunst kon i liabend gern da drauf verzichten;
laß mia im Fegfeier an Platz herrichten.

Er, der gscheid Lehrer

Net, daß a ma desweng recht rauchat, recht stingat,
doch des ghört sich wirklich net und muaß net sei,
so wia's unser Lehrer oiwei daher bringat,
als gaang in mein Belle glei gar nixn nei!
Er muaß dös ja wissen, von alle der Schlauer!
Ganz ehrlich und gradraus, da wer i fei sauer.
Bloß weil i net woaß, wo a Beistrich highört,
redt er so daher, so unghobelt und gschert.
Was kon er denn scho, außer re'n, schrei'm und lesn?
Beim Watten und Kegelscheibn taat i'n dasteßn.
Kon er vielleicht ringa, der gscheide Herr Lehrer?
Setz i eahm Krawattn, na macht er an Plärrer.
Grad daß er beim Schulrat guat steht, der schö Lehrer,
soll i mi ostrenga! Und jeden Tag mehra!
Ja, bläd wer i sei und mi schindn beim Leana
und dann als Gstudierter net mehra vadeana,
wia der, der wo jeden Tag Mülltonnen leert!
Da is doch von Haus aus as Leana verkehrt.
Und heit is a Doktor und aa a Professer
net so als wia früaher vielleicht no der Größer'.
Geh i aufn Bau, na vadean i vui mehra
als er, der siebngscheide und schlaue Schullehrer.
Und wenn i an Mörtel rühr, na muaß i lacha,
soll er, wo er wui, seine Beistrich himacha.
Und überhaupt: Soll er doch toa, was er wui,
doch mi net bläd oreden in seiner Schui!

s'Standerl

Vom Gsangverein san s' hoam, ham a Standerl gsunga
beim Waste seiner Frau – und greißli hats klunga.
A Wunder war's ja koans, weil blau warn s' wia Veigerl
und koaner von de drei siehgt mehr aus de Äugerl.
De Nachbarn ham nausgschimpft: „Is da net glei a Ruah!
Hörts auf mit dem Geplärr, jetzt is's drei in der Fruah.
Schaugts glei, daß 's weiterkemmts, scherts eich zum Teife."
Am Wast sei Frau hat aber ohne Zweife
die Sach ganz anders gsehng. Sie hat se net beschwert,
hat aufmerksam und voller Freid dem Gsang zuaghört.
Und heit erzählt sie no, nach sovui Jahr,
wia schö und rein dös Standerl gsunga war.

Heit, nachm Gschäft

Heit, nachm Gschäft, am Parkplatz drunten,
hab i mei Auto nimmer gfunden.
A viertel Stund lang hab i's gsuacht.
Z'erst war i staad, dann hab i gfluacht.
„Jetzt ham s'ma glatt mei Auto gstohln.
De soll doch glei der Deife holn.
Heit gibts da scho aa so a Gschwerl,
dawischn wenn i s' taat, de Kerl!
Ja, dene taat i was erzähln!
De taan koa Auto nimmer stehln."
Beim Polizeiwachtmeister Groll,
gib i den Fall zu Protokoll.
„Zehn Jahr lang, daß i's Eahna sag,
hab i mei Auto, Tag für Tag
am Parkplatz steh, am gleichen Fleck!
Und jetzt is's furt, is einfach weg!
Derf denn des sei in einem Staat,
der soviel Polizisten hat?
Da wo s' sei solln, da siehgst as net.
Und wenn s' okemma, dann is's z' spät.
Strafzettel schrei'm, des kennt's Ihr guat,
doch Diab' fangt's net", ruaf i voll Wuat.
„Für was ham ma denn d'Polizei?
Des is doch eine Sauerei."
Da sagt der Groll, der Polizist:
„De Aussichten für Sie san trist.
Erstens is's Auto nimmer da
und zwoatens zoag i Eahna o

wegen Beleidigung, verstehn S'?
Und jetzt auf Wiedersehen, gehn S'!"
I naus beim Polizeirevier
als wia a wilder, g'reizter Stier.
An Zorn auf d'Diab, auf d'Polizei,
auf mi – und alle Leit im Gäu –.

Beim Hoamweg is mia grad, i moan,
i hätt doch irgendwas no z'toan.
I hätt doch heit nachm Büro
was abholn solln! Bloß was – und wo?
I denk und denk, mia fallt's net ei.
Wia kon ma so vergeßlich sei?!

Da, wia i Trambahn kemma siech,
gibts mia an ungeheuren Stich!
Des derf net wahr sei! So a Schmarrn!
I bin ja mit der Trambahn gfahrn
heit fruah, weil 's Auto ausnahmsweis
geprüft werd, zwengs der Urlaubsreis.
Jetzt woaß i aa, was i hätt wolln!
As Auto von der Werkstatt holn!
Des hab i aa anschließend gmacht.
Und 's Personal hat net vui glacht,
wia i mei Gschicht eahna vazähl.
Hat aber gmoant, sowas hat's schnell.
Des gibts aa bei de gscheidsten Leit;
's is halt Gedankenlosigkeit.

Bloß d'Frau dahoam glangt mia an's Hirn
und sagt: „Des kon bloß dir passiern."

d'Mamma is emanzipiert

Früaher hat halt d'Mamma putzt,
gwaschen, abgstaubt, d'Kübel gschutzt,
d'Kinder großzogn, gstopft und gflickt,
kocht und eikaaft, gstickt und gstrickt.
Heit tuat des oiszamm der Papa,
d'Mamma laßt sich da net schnappa.
Net amoi, daß s'es probiert! –
d'Mamma is emanzipiert!
Sie gibt dafür Unterricht
und moant: „So is de Sach g'richt."
Fragt se bloß, wia lang er's tuat,
bis er einekimt in d'Wuat
und er streikt und nimmt sein Huat
– unser Papa – und geht fuat.

Daß's net vielleicht sei kaannt?

Maxl:
„Papa, hast mei Hosn scho gwaschn?"
Papa:
„Ja, Maxl. Morgen konst as wieder oziahng."
Annerl:
„Papa, hast meine Strümpf scho gstopft?"
Papa:
„Grad bin i fertig. Glei konst as ham, Annerl!"
Maxl:
„Papa, hast dös Loch in meim Janker scho gflickt?"
Papa:
„Freilich, Bua. Dös hab i gestern no gmacht."
Annerl:
„Papa, was hast denn heit kocht?"
Papa:
„An Schweinsbraten und Kartoffelknödel, Deandl."
Maxl:
„Papa, hast für morgn eikaaft aa scho?"
Papa:
„Hab i aa scho, Maxl."
Annerl:
„Mei Papa, du bist a Schau! Du muaßt unbedingt no weiter dahoam sei.
Und d'Mamma soll ruhig no a paar Monat mit deiner Arbeitslosenunterstützung auf Mallorca bleibn."

Was is gscheida?

„Bittschön, laß mi schlaffa, Mamma,
i mag net in'n Kinderhort,
laß mi no a bisserl traama,
bring mi halt net so früah fort."

„Herzilein, des geht net, leider.
d'Mamma muaß in d'Arbat geh.
Freili waar 's Dahoambleim gscheider
und dei Red' de tuat ma weh.

Aber wenn i d'Arbat liaßat,
taan ma koan Mercedes kriang,
kanntn net – was uns verdriaßat –
jeds Jahr nach Mallorca fliang.

Aa zum Schifahrn kannt ma nimma
nach St. Moritz, o mei Gott.
Und des waar des Allerschlimma,
mia hä'n aa koa Segelboot."

„Mamma, du, i mag ja gar net
segeln, schi- und autofahrn.
Bittschön, Mamma, was i gern hätt:
Bleib bei mia – teats auf nix sparn."

„Herzi, schau, des geht net z'macha,
weil – da Papa – und – aa so!
Komm, sei liab, tua wieder lacha,
morgn gehn ja scho d'Ferien o."

d'Nachbars-Buam macha a Musi

Es is ja schö wenn junge Leit
am Musi macha ham a Freid.
Bloß hab i's dann halt gar net gern,
wenn s' mi des nachts beim Schlaffa störn.
Oder wenn i von Haus aus scho
wega dem Lärm net schlaffa ko.
So is 's mir gestern wieder ganga.
Um achte ham s' as Spuin ogfanga
beim Nachbarn. Wia s' um zehne aber no
mit voller Kraft und Schwung, fortissimo
an Rock'n'roll raus ham, war 's bei mir aus.
Mit oam Satz bin i von der Bettstatt raus
und nüber! Läut! d'Frau Kraus macht selber auf.
„Ja, sagn S'", sag i, „i nimm scho vui in Kauf,
doch jetzt um zehne no so a Radau!
Alles was recht is, guate Frau.
Sofort is 's mit der Musi aus,
sunst schick i d'Funke eich ins Haus.
Wia ma den Krach no ohörn ko?
Wo is denn übrigens der Mo?"
Da sagt d'Frau Kraus: „Des is 's ja grad!
Bloß wenn da Mo sein' Stammtisch hat,
dann derfa s' spuin d'Buam – und sunst net,
weil auf den Lärm werd ma ja bläd,

sagt er, er kon an net vertragn.
Drum san S' so guat, wollt i halt sagn,
und lassen se S' halt spuin, san S'nett,
denn wenn er da is, derfa s' net.

Und wia solln s' denn amoi was wern?
Es geht net, ohne daß sie jemand störn.
Und dann is 's gscheider, Sie san des.
Mei Mo werd nämlich so nervös
und schimpft uns alle furchtbar z'samm
und i muaß'n doch ständig ham."

Was hab i gmacht? Jetzt bin i aa
Stammtischmitglied beim Kraus-Vatta.
Und no zwoa ham se zuawegschlagn,
de so an Krach a net vertragn.
Grad grüabig is 's bei uns und zünftig
und feststelln tean mia hinterkünftig,
daß mia des alles ja bloß tean,
damit de Junga was Gscheits wean.

De Ruhe möcht i hab'n

I steh bei Rotliacht an der Ampel o,
da kracht net schiarle mia von hint was no.
As Heck neidruckt und d'Seitenteile gstaucht.
Des kost' fünftausend Mark, das 's grad so raucht.
Schuld war a Madl mit a achtzehn Jahr.
„Mei", sag i, „Deandl, hast du gschlaffa gar?"
„Des net", moant s', „aber i sag's glei" und lacht,
„i hab vor zehn Tag erst d'Fahrprüfung gmacht.
Und morgn wollt i, i kon's Eahna echt schwörn,
in d'Werkstatt fahrn, weil d'Bremsen nachgschaugt ghörn.
Weil s' vui z'weit durchgenga, sagt mei Freind Klaus,
der is erst gestern gfahrn, der kennt se aus.
Jetzt könna s' glei den Scha'n mitreparriern,
na tuat de Sach für d'Werkstatt sich rentiern."
„An mein' Scha'n denkst wohl net, du hast a Ruah beinand,"
klag i. „Wiaso?", staunt s', „dessell liegt doch auf der Hand!
Den zahlt doch mei Versicherung, des is doch klar.
Wern S' ma bloß net nervös, sonst kriang S' no graue Haar!
Beim Autofahrn werd oiwei wieder was passiern.
Des Wichtigste is bloß des oa: d'Ruah net verliern.
Und danach halt i mi durchaus, vastehn S' mi scho".
Sagt s', unterschreibt daß s' schuld is, und scho war s' davo.
Da hab i gschaugt, wia sagt ma da glei heit: I war frustriert.
Und sie war achtzehn und wia sagt ma glei: Emanzipiert.

Schweinsbratn und Liedermatinee

Am Sonntagvormittag war Liedermatinee
im Opernhaus. Und gsunga hat sie wunderschö.
Von Gustav Mahler, Debussy, Marcello,
von Canteloube Liader – alle bello –.
Dann hat s' Scarlatti und Vivaldi bracht,
Durante und Ravel; es war a Pracht.
Es war a Hochgenuß und i merk scho,
es herrscht a Liedermatinee-Niveau.
Im Publikum durchwegs bloß Kenner, Leit,
de wissen, was a Gsangsvortrag bedeit.
Fast schaam i mi a bißerl und i schwör i geh
in Zukunft öfter in a Liedermatinee.
I bin begeistert, mach de Augn zua, bin ganz Ohr;
da gaukelt mir mei Phantasie plötzlich was vor.
Grad singt s': „Du bist es, die ich liebe", von Ravel,
einmalig zart, piano, glockenrein und hell,
da siehg i mi an Schweinsbratn essen, ganz alloans,
– na ja, es war ja scho mehr als dreiviertel oans –.
Jetzt rauscht der Beifall mächtig auf und reißt mi zrück –
in d'Liedermatinee – von meinem Schweinsbratn-Glück.
I gib's ja zua, i hab mi bis ganz nei geniert,
daß mia sowas bei so am Liadvortrag passiert.
Des mach i aber wieder guat, hab i mir denkt,
hab meine Schritte dann sofort zum Conti g'lenkt

und dort à la Ravel französisch g'essn.
Des bin i einfach jetzat schuldig gwesn.
Zwar hat de Gaudi mi vierzg Markl kost, doch bloß
war i halt meine Schuldgefühle wieder los.
Wia i 's Lokal verlaß, bin i so richtig z'frie'n.
I hab des Gfui, daß i doch koa Banause bin.
Da siehg i doch – am ersten Tisch is s' g'sessen –
die Sängerin – an Riesen-Schweinsbratn essen.
Jetzt hat's mia aber doch ganz leise dämmert:
Du bist ja ehrlich scho ganz schö belämmert.
De Matinee hat mi koa bißl nimmer gfreit,
und dann – as Essen nach Ravel hat mi erst g'reit!
Da hab i gschworn, künftig – des oane woaß i gwiß –
daß, – wenn i scho vom Schweinsbratn traam, – i aa oan iß.

Beim Bittgang

Da Hansl kriagt, als Ministrant,
beim Bittgang 's Kreiz nei in sei Hand.
Zwar is er no a weni z'kloa,
doch er will's tragn, er ganz alloa . . .
„Gell“, sagt der Pfarrer, „trag's fei schö,
du woaßt, heit hamma weit zum Geh.“
Drauf moant der Hansl: „Feit se nix.
I laß 's net aus, as Kruzefix.
Is 's aa von alle Kreiza 's schwaara,
mir is 's bestimmt net z'schwaar, Herr Pfarrer.“
Er hebt's vor eahm, so kerzengrad,
als wenn er 's Jahre scho tragn taat.
Hinter eahm drei geht sei Freind Tone,
der dicke Schorschl und der Kone.
Und in der Mitt marschiert der Bert.
Der hat vom Gleichschritt nia was g'hört
und tritt am Hansl nach fuchzg Meter
auf d'Fersen nauf als wia a Bläder.
Der draaht sich um und zischt eahm zua:
„Bleib z'ruck, bevor i dir was tua.
Und kimm mia ja nimmer in d'Näh.
Du bist ja z'dumm zum Bittgang geh.“
Der Bertl schaugt a weng betreten
und unterbricht a Zeit lang s'Beten.

Er nimmt an Abstand wia sich's g'hört,
damit an Hans er nimmer stört.
Doch koane fünf Minuten drauf,
steigt er eahm halt scho wieder nauf.
Und zwar so fest, daß der vor Schmerz
laut aufschreit und dann vürewärts
mi'm Kreiz drei Schritt bedenklich wackelt.
(Ja! D'Schuah vom Bert san nämlich g'nagelt.)
Doch hat er sich glei wieder g'fangt.
Daß er dafür an Bert net dankt,
vasteht sich, is a klare Sache,
doch noch hebt er sich auf, sei Rache.
Er schimpft'n zwar an Idioten,
doch dann tean s' mitnand weitertrotten.
Nach hundert Meter kimmt's wia 's muaß!
Der Bert geht hinterm Hans sein Fuaß;
da ziahgt der aus und trifft an Bert
auf's Schienboa, daß der hell aufplärrt
und naushumpelt an Straßenrand;
sein Fuaß halt er fest in der Hand.
Der Hans marschiert derweil ganz heiter,
als wia wenn gar nix gwen waar, weiter.
der dicke Schorschl wechselt nei
und laaft jetzt hinterm Hansl drei.
Es geht bergauf und geht berga
und d'Sonna sticht ganz sakrisch ra.
Da kon's scho sei, daß 's glei passiert
und ma an gleichen Schritt verliert.
An Schorsch hat d'Hitz so narrisch packt,
daß er aus seinem Gleichschritt trabt.

Er tritt an Hans, daß 's den glei biagt
und eahm sein rechten Schuah ausziahgt.
Dersell hat gmoant, es waar der Bert,
der jetzad Rache nehma werd.
Er hat gar nimmer ruckwärts gschaut,
hat wia a Pferdl ausseghaut
und trifft, weil er so voller Wuat,
an foasten Schorschl gar net guat.
Des oacha Kreiz fangt 's Schwanken o.
Er hebt und stemmt und moant er ko –
as Gleichgwicht halten. Aber nix!
Scho draaht 's 'n mitm Kruzifix
und schmeißt'n nei glei neba d'Straß,
ins staubige, verdreckte Gras.
As Kreiz war Gott sei Dank no ganz
und unverletzt war aa der Hans.
Doch 's rote Ministrantengwand
war schwarz vor Staub. A solche Schand!
Scho is der Mesner glaaffa kemma
und schimpft: „Dir wer i's Kreiz jetzt nehma.
Des tragt sofort der Moser Bartl
und mia zwoa re'n dahoam a Wartl."
Der Hans is rot bis über d'Ohrn.
Er hat an abgrundtiafen Zorn.
Vor alle Leit in Grabn neifalln!
's is a Blamage, net zum Ausmaln.
Und wenn 's erst aussakimmt warum,
haut'n der Vatta aa no rum.
Doch bald hat sich der Hansl gfangt.
Wia er am Bittgang-Ziel oglangt,

hat er im Wirtshaus g'hofft, er taat
für's Kreiztragn kriang a Limonad.
Der Pfarrer aber, der hat g'hört
was war und s'Limo glatt verwehrt.
Und zwar net bloß dem Hans und Tone.
Naa! Aa dem Bert, dem Schorsch und Kone.
Wia arme Sünder san s' dagsessen.
Und Würscht ham s'aa koa kriagt zum Essen.
Da hat s' der Bauer Haid derbleit
und weil für d'Buam den nia was g'reut,
hat er an jedem für sein Durscht
a Hell's spendiert und aa a Wurscht.
Weil d'Hitz so unerträglich war
war 's Bier, bist gschaugt hast, aa scho gar.
Des hat an Bittganggeher Haid,
als echten Bayern ehrlich gfreit.
Er laßt de Buama nacheschenka
und was jetzt kimmt, des könnt's eich denka.
Wia s' fertig warn mi'm zwoaten Glas,
ham s' einen Rausch ghabt, wia no was.
Ham glacht und gschrian und nacha graaft,
daß de ganz Wirtschaft zammalaaft.
Der Pfarrer und der Mesner aa.
Und damit war as Ende da.
Sofort ham s' 's Ministrantengwand
– und zwar vor alle mitanand –
runtertoa müassen. Und daß s' büaßen,
zur Straf alloanigs hoamgeh müassen.
Z'erst warn s' arg dasig, aber bald
san s' wieder gwen wia oiwei halt.

Ham gschworn, ab jetzt da haltn s' z'samm
und wenn's aa no so greißle kaam.
So is 's aa weiterhin dann gwen.
De Fünfe hat as Auffetre'n
für 's ganze Leben z'sammagschwoaßt.
Und heit no werd mitnanda groast.
Bloß Bittgang ham s' koan mehr mitgmacht.
Und s' Limonad werd streng veracht!
Tringa tean s' nix wia helles Bier.
I moan, dessell verstehnga mia.

So froh wia d'Ministrantenzeit

Es is scho über vierzg Jahr her,
da war i Ministrant,
da drübn in der Sankt-Lorenz-Kirch
und zeam warn mia beinand.

Der Jak, der Fritz, der Pep, der Max,
de ham sich mit mir plagt
und recht und schlecht, wia's halt so war,
's Confiteor hergesagt.

Der Nitzel Vetter hat als Mesner
sei Pflicht do; nia net grollt
und jeden Abnd beim Postwirt drunt,
drei Quartel Bier sich gholt.

Der Pfarrherr war der Geistle Rat,
a seelenguater Mo,
er hat für seine Pfarrkinder
des Allerbeste do.

Mia Ministranten warn bekannt
als Lausbuam weit und breit
und jeden Tag hat uns mitnand
a neie Dummheit gfreit.

Jetzt is ja ois scho lang verjährt.
Im Pfarrergarten wars. Da dort
ham mia an Zwetschgenbaam abgleert,
für uns war's nix als wia a Sport.

Natürlich hamma's nacha beicht
bei unserm Geistli'n Rat.
Bei eahm war's nämlich bsonders leicht,
weil er nia ausgfragt hat.

Gans anders gwen waar's beim Kaplan,
der hätt' uns glei gfragt: „Wem?
Wem habt ihr denn die Zwetschgen gstohln?"
Des hätt a Gaudi ge'm.

Schö war de Zeit – und lang is's her,
heit wern s' net anders sei
de Ministranten und a diam
möcht i ins Ministriergwand nei.

So gsund, so froh, so unbeschwert,
so sorgenlos und frei
wia damals d'Ministrantenzeit,
sollts heit halt aa no sei.

A Tausendfüaßler, barfuaß glaafa

A Tausendfüaßler, bisher lang gnua
barfuaß glaafa,
is nei in d'Stadt, wia's kalt worn is, zum
Schuahéikaafa.
Koa oanzigs Schuahgschäft aber hat
500 Paar
auf Lager von der gleichen
Schuahgröß ghabt, gwiß wahr.
Und oa Verkäufer hat glei gar gmoant:
„Bei der Größ
werd's ausbeißn, Herr Tausendfüaßler,
san S' net bös.
Für solche Schuahnummern, da
ham mia koa Maschin.
Und mit der Hand oa macha
is erst recht net drin.
I glaab aa net, daß S' irgendwo
sonst auf der Welt
für Eahna Schuah kriang, aa net um
no sovui Geld."
„Dös is sehr schlecht: Es waar a Gschäft
für Eahna gwen.
Denn wia i mei Familie, mei
Verwandtschaft kenn,

waarn die de nächsten Tag mitnanda
herakemma
zum Schuaheikaaffa oder aa zum
Schuahmaß nehma.
Doch wenn 's a so is, na verzichten
mia auf Schuah.
Von Eierm Wirtschaftswunder aber
ham mia gnua.
Na laaf ma weiter barfuaß
aa auf die Gefahr,
daß mia uns alle d'Füaß gfriern,
wia 's scho öfter war.
Die Klinikkosten und aa de
für 's Auskuriern,
des werd die Gsellschaft halt dann ganz
empfindlich spürn.
Und bitterlich werd s' es bereun
und aa der Staat,
daß ma für uns, bei sovui Füaß
koa Schuahzeig hat.
Zehntausend Tausendfüaßler – und
des san net vui –
braucha 5 Millionen Paar,
wenn jeds oa wui.
Und wenns mi fragts, wiavui alloa
in Bayern lebn,
na kon i Eich de Milliarden
schriftlich gebn.
Wenn Elefanten kaamatn,
taats Eich net traun

sie wegz'schicka, aus Angst, sie taan
an Ladn zammhaun.
Bei uns aber, de allerkloansten,
habts a Schneid
und sagts saukalt: Für Eich hamma koan
Schuah bereit.
Mia Tausendfüaßler sagn's der Gsellschaft
glatt ins Gsicht:
Für alle Kloana war und is und
werd nix gricht.

Bloß de dumma Deife

Bloß de dumma Deife
ham fast nia an Zweife.
Doch dagegn de Gscheiden,
wissen oft net z'deiten,
ob was falsch is oder richtig,
ob was nix is oder wichtig.
Wer'n deswegn oft von de Dumma
ausglacht und in d'Zanga gnumma.
Und sie kriagn dann große Zweife
und glaubn, sie san dumme Deife.
Drum passiert's, daß oft de Dumma –
de vor Dummsei manchmal brumma –
oschaffa und d'Leit regiern,
moana, sie ham 's größte Hirn.
Und de Gscheidn laßn s' machen,
denka sich: Dös san so Sachen!
An des muaß ma sich halt gwöhna;
werd ma gar nix ändern könna.
Weil s' net raaffa mögn, net streitn,
müaßen s' es oafach daleidn.
San s' deswegn net doch de Dumma?
's könna oan echt Zweifel kumma.

Vom Wirtshaus hoam im Selbstgespräch

Was is jetzt des? Ja, des is bläd,
des is mia aa no net passiert,
daß grad vor meiner d'Straß aufsteht,
ganz gleich, wo mi der Weg hiführt.

Hoi, san mia jetzat scho so weit,
daß der Herr Sparifankerl kimmt
und mi mit seiner Teifelsfreid
in sei Revier mit abenimmt.

Halt! Laß dir Zeit, Herr Oberteife!
I wer dir glei amoi was sagn!
Da drüber gibts doch gar koan Zweife,
's liegn dir doch mehra no im Magn!

Der Schmied, der oft so greißle fluacht,
der Schneider mit seim bösen Neid,
der Bader, der bloß 's Raaffa suacht
und dauernd mit de Leit rumstreit.

Und geh no nei zum Obern Wirt,
du muaßt es ja doch wissen,
da wo der Weg mi herafführt –
da drin ham s' mi grad bschissen.

De Baazen nimm mit dir, net mi,
i hab a saubers Gwissen,
i hab im Leben bisher nie
nur einen Menschen bschissen.

Bloß saufa tua i halt – i muaß!
Daß ma des oafach net versteht?
Zerscht kriag i Durscht – und dann an Ruaß.
I woaß aa net, wia des so geht.

Du siehgst, i kon gar nix dafür!
Was is aa scho a solcher Ruaß?
Von einem guaten Münchner Bier,
da sagt a jeder: Trink's doch, tua's!

Koa Teife kon mi jetzt mehr halten,
geh mia auf d'Seitn, schleich di weg.
Jetzt geh i hoam zu meiner Alten. –
Und wenns du mitgehst, kriagst *du* d'Schläg.

Der liabste Bock

Der alte Graf fragt auf der Pirsch
an Lois, sein Jager: „Sag amal,
san jetzt de Rehböck, d'Gamsböck, d'Hirsch,
oder san d'Stoaböck gar dei Fall?"

Drauf sagt der Lois, der Jagersmo
und lacht mit alle seine Zähn:
„Am liabsten is mia oiwei scho
von alle Böck da Maibock gwen.

Im bairischen Paradies

Manchmal hab i de dümmsten Traam
und traam alls mögliche so z'samm.
Vom Kriag und von der Kinderzeit,
von längst verstorbne Nachbarsleit.
Am Nordpol, wo i no nia war,
spiel i mit einer Seehundschar.
I radelt bei der Tour de France,
i führ a Red mi'm Osterhas.
Z' Hawaii marschier am Palmenstrand
i mi'm Rucksack und Bergsteigergwand.
I schwimm im Meer und werd net naß,
sing in der „Scala" schwarzen Baß.
Durchquer d'Sahara mi'm Kamel
und bohr in Texas drübn nach Öl.
Weit kimm i rum auf dera Welt
– im Traam – und s'kost koan Pfennig Geld.
Den stärksten Traam im letzten Jahr,
den hab i aufgschriebn wia er war:
Im Paradies siehg i mi laaffa,
und bei der Eva Radi kaaffa.
Glei hab i s' kennt, as Eva-Madl,
am Apfel und am Feigenblattl.
Und außerdem es war mir grad,
als wenn i s'scho lang kenna taat.

I war ihr scheinbar aa bekannt,
denn wia s' mi siehgt, sagt sie charmant:
„So, Sepperl, laßt d' di aa mal sehng,
was taatst denn alles von mir mögn?
Doch wennst im Paradies aa wohnst,
kriagst du bei mir gar nix umsonst.
Höchstens fürn Hund zwoa kalte „Wiener"."
Da kenn i s', d' Lies vom ‚Augustiner'.
„Ja, gibts dös aa! Ja, Everl – Lies!
Was tuast denn du im Paradies?
Bring mia no glei a frische Maß,
zwoa Brezn und an Leberkaas!
(Am Apfel hab i koan Bedarf;
aufs Obst, da war i no nia scharf.)
Was 's kost', dös is mia völlig wurscht.
Jetzt mach, i hab an zeama Durscht."
Da hör i hinter mia oan re'n.
Is 's net der König Ludwig gwen!
Der Zwoate! Und er fragt mi ab:
„Glaabst du aa, daß i gspunna hab?"
Dös is a Frag! Was tuast jetzt da?
Traust dir a „Ja" oder sagst „Naa"?
„Glaabst es", fragt er scho ungeduldig.
„De Antwort bleib i liaber schuldig",
sag i, „so derf ma mi net fragn".
Da packt mi a trumm Schwan beim Kragn
und hebt mi hoch, tragt mi in d'Luft,
als waar i Bayerns größter Schuft.
Und unter mia, as Paradies,
verschwind't mit meiner Eva-Lies.

Grad siehg i, wia s' an Maßkrug hebt,
da bin i scho zweitast entschwebt.
So kurz war 's Paradies für mi!
Wo werds'n jetzt higeh, denk i.
Der Schwan fliagt schnell und oiwei schneller;
da – überm Augustinerkeller –
laßt er mi aus. I fall genau
am Stammtisch auf. Dös war a Schau!
Und mitten unter d'Maßkrüag nei.
Da Schorsch schreit glei: „Derf denn dös sei?"
Da aber kimmt der Wirt daher
und sagt: „Jetzt macht's zwegn Sepp koa Gscher.
Ihr habt'ses doch heit alle gspannt,
er is net so wia sonst beinand."
Dann druckt mir wer an Kruag in d'Hand.
Da war mir doch dös Gsicht bekannt.
Wenn des jetzt net a Wunder is!
Mei Eva wars, vom Paradies.
Bloß war s' jetzt ozogn, nimmer nackat.
„Ja, Lies", sag i, „wenn i jetzt sagat,
mia kemma grad vom Paradies,
glaabat uns dös koa Mensch, ganz gwiß.
Und doch spür i mei Gnack net wenig,
vom Schwana-Griff, vom Freind vom König."
d'Lies schaugt mi ganz entgeistert o.
„Wo, sagst du, solln mia gwen sei, wo?
Jetzt trinkst dei Maß aus, na gehst hoam.
Dei Paradies is z' Berg am Loam.
Du hast heit einen saubern Nickel.
Jetzt gibst mir freiwillig an „Zwickel",

na kriagst de „Wiener“ mit fürn Hund.
I hab s’ scho hergricht seit a Stund.
Und daß d’ as Gnack spürst, is koa Wunder,
hängt ja dei Kopf scho lang hint’ nunter.
Heit schlafst scho seit der dritten Maß.
Und jetzt red’st aa no so an Kaas.“

Ganz langsam hab i mi derfangt
und wieder d’ Wirklichkeit derglangt.
Hab d’ Wiener packt und bin davo
und hab mir denkt: Froh bin i scho,
daß mi der Kini bloß im Traam
gfragt hat; denn d’ Wahrheit sagatsd’ kaam.

A Kreiz is's mit der Politik

A Kreiz is's mit der Politik
und manchmal hab i s' direkt dick,
d'Politiker, weil s' a so liang;
alls Mögliche daheraziang.
Was gestern guat war, is heit schlecht,
bloß weil's der Gegner jetzt so möcht.
Was gestern schlecht war, is heit guat,
bloß weil ma's selber jetzt so tuat.
Und Red'n wern gführt, ogriffa werd,
persönlich aa und diam recht gschert.
I denk ma oft: De rare Zeit!
Tuat eahna denn de Zeit net leid?
Da kaant ma doch was anders toa,
als redn und strei'n mit sovui Gschroa.
Zum Beispui singa, Musi spuin,
auf Berg naufsteign und d'Freiheit fuin.
As Lebn is sowieso so kurz
und Aufstieg wechselt ab mit Sturz!
Da muaß ma sich doch net mit Gwalt
rumstrei'n, aa wenns so manchem gfallt.
Ma sollt' sich scho die Frage stelln,
ob ma s' as nächst Mal wieder wähln.
Doch wähln ma andre, is mir klar:
Net anders is's, wia's bisher war.
Denn, geht der Mensch in d' Politik,
dann is halt s'Re'n und s'Strei'n sei Glück.
Und d'Sachlichkeit de steht oft zrück!
So is's halt in der Politik!

Mit sechzig Jahren

Man ist, hat man erreicht die Sechzig,
von Feuer nicht mehr, doch man möcht sich
auch ungern sagen lassen, man gehört
zum alten Eisen und wär nichts mehr wert.
Zwar ist so mancher in der Tat,
mit sechzig nicht mehr so auf Draht,
doch wiegt Erfahrung, Weisheit leicht
der Jugend Vorteil, wie mir deucht.
Ist Eifer, Drang etwas erschlafft,
was tut's? Man hat genug geschafft.
Gereift kann man nun rückwärts sehn,
sich wundernd, wie die Jahre gehn.
Mit 30 soll man ruhig hasten,
mit 60 darf man auch schon rasten
und vorwärts schauen in dem Wissen,
das Leben nunmehr zu genießen.
Aufsaugend jede schöne Stunde
im Freundeskreis, in froher Runde,
soll man die künft'gen Jahre leben,
nach Frieden, Freundschaft, Frohsinn streben.
Und mit Gelassenheit bedenken:
Nicht mehr um 's Nehmen geht's – um 's Schenken.
Zeit, Rat, Erfahrung andern geben,
heißt, sich auf höh're Ebnen heben.

Von dort den Lauf der Welt betrachten;
auf's Menschsein mehr als bisher achten.
Man weiß: Viel, was man einst genossen,
kommt nie mehr wieder, ist verflossen.
Doch weiß man auch, die Zukunft hat
manch gute Stunde noch parat.
Man muß es nur richtig verstehn
und immer bloß das Schöne sehn.
Behält man sich Begeisterung,
ist man mit sechzig auch noch jung.
Wer dies erkennt und danach tut,
hat's sicher noch Jahrzehnte gut.

Mia zwoa
(Beim Spazierengeh)

Mei Enkelbua, zwoarahalb Jahr,
a Münchner Gwachs scho, ganz und gar,
bleibt neilings beim Spazierengeh
vor einem alten Volkswagn steh,
an dem der Fahrer offenbar
was repariert, was nötig war.
A Zeitlang schaugt er zua, der Bua,
dann geht er plötzlich hi dazua
und fragt'n: „Is er hi, der Karrn?"
(Er is ja oft scho Auto gfahrn)
Da schaugt der Volkswagenfahrer-Mo
den Lausbuam ganz entgeistert o
und sagt: „Männeke, is der toll!
Det is'n Wunderknabe wohl?"
„Woher denn", sag i, „gar koa Spur.
So san de Bayern alle, nur
wenn s' kloa san, san s' grad wia de Preißn;
kaam daß s' was sehng und recht dagneißn,
na redn s' halt alles oafach naus,
lassen Gedanken vorlaut aus.
Wenn s' älter und no gscheiter wern,
dann werst nix mehr von eahna hörn,
dann b'haltn s' alls für sich. Und erst
wenn 's wichtig werd, gschiechts, daß d' an Bayern hörst.
„Und jetzt, geh weiter" sag i, „Bua, gemma spaziern,
sonst moant er no, du kaanst eahm 's Auto repariern."

Mia zwoa
(Beim Gartenarban)

Beim Gartenarban, 's Wochenend,
da hat er 's wichtig, springt und rennt.
Da huift der Bua nadierle mit,
verfolgt mi halt auf Schritt und Tritt.
Er is beim Humus transportiern
dabei und aa beim Oplaniern.
Er lad't mi'm Bagger auf und ab,
fahrt mit sei'm Kipper im Galopp
und macht auf's Pflaster so an Dreck,
daß d' zwoa Stund brauchst, daß 's weggageht.
Doch wenn er halt mit de drei Jahr
gern mittoa wui, laßt man, – ganz klar.
Abnds, wia mia fertig san, i auf und auf voll Dreeg,
schaut er mi o von unt bis obn; was sagt er net?
„Opa", sagt er ganz ernst, aa wenn's koa Mensch net glaabt:
„I hab no nia an so an schöna Opa ghabt."

Mia zwoa
(Beim Loaterhalten)

„Opa, i moan, i muaß dir d'Loater halten!
Woaßt, daß d'mia ja net obetanzt.
Du sollst no lang dei Gsundheit bhalten;
net daß d' vom Krankenhaus rauszahnst.
Da Papa hat nämlich scho gsagt,
auf di da muaß ma obacht gebn.
Du bist scho öfter drunten gflaggt
und trittst de rechte Zeit danebn.
Woaßt, wenn sich nämlich d'Loater draaht,
wenns d' ausrutscht und du fallst recht bläd
auf's Pflaster hi – des waar fei fad –
und brichst dir was, des wolln mia net."
„I sag's ja, Bua, du bist halt recht!
Ja, stell di no an d'Loata hi
und heb s'. Du huifst mia wirklich echt.
Und weil i dann erst sicher bi."
„Gell, Opa, mia zwoa arban ganz guat z'samm.
I bin fei ehrlich froh, daß mia uns ham."

Mia zwoa

(Zum Wirt)

Vier Jahr alt is er no net ganz,
mei Enkelsohn, der Bua vom Hans.
Was sagt er neilings unterm spuin:
„Du tuast mia doch oiwei mein Wuin,
Opa. Jetzt gehst mit mia zum Wirt.
Hast mi scho öfter einigführt.
Du trinkst a Maß und mir kaafst Würscht,
weil 's mi ja net so wia di dürscht!
Wenn d'Oma fragt: „Wo warts denn ihr?"
Sagn mia fei net: „Mia warn beim Bier".
Sondern mia sagn: „Mia warn spaziern."
Gell, Opa, mia zwoa ham a Hirn!
d'Leit sagn, i grat dir nach, Opa.
Dös paßt mia fei. Und dir? „Mia aa."

Du schwarze Amsel, du

Ganz drobn am Äpfebaam sitzt d', singst so wunderschö,
so schö, als kaamst d' vom Himme her, ganz von der Höh.
Wo hast denn du alle de Liadl eistudiert?
Du fliagst daher und sitzt d' di hi ganz ungeniert
und jubilierst und trillerst lustig nei in 'n Tag,
machst hin und wieder bloß an kloana Flügelschlag.
Schaugst neugierig um di vom Gipfel, ganz alloa,
dei goldner Schnabel leucht grad wia a Edelstoa.
Du hast mia 's Fruajahr kündt mit deim brillanten Gsang,
i kaant dir zuahörn, schwarze Amsel, stundenlang.
Es gibt koa angenehmer's Wecka in der Früah,
– aa wenn's arg zeitig für mi is – als wia von dir.
Den ganzen Tag werst du net müad, erzählst drauf los;
zum Mahlzeiten einehma unterbrichst du bloß.
Du Melodienzauberin, bleib recht lang da.
I tauf di aa und hoaß di froh: Jubilia!
Schwarze Jubilia, du bist so liab und nett,
und singst mi jedsmal, wenn der Tag am End zuageht,
mit wunderschöne Liadl in a guate Nacht;
grad wia's a Muatta mit ihr'm kloana Kindl macht.
Obwohl du's so schö konst, hörn vui Leit gar net hi.
Dö arma Tröpf! I wart scho jeden Tag auf di.
Und wenn de Zeit dann kimmt, wo i di nimmer hör,
dann woaß i, Tag wern jetza kurz und grau und schwer.
Dann hoff i halt, du überstehst an Winter guat
und kimmst zum Fruajahr wieder o mit frischem Muat.
Jubilia! I dank dir, daß d' mir sovui Freid bereit'st.
I kon dir gar net sagn, was du mir mit deim Gsang bedeitst.

So einfach waar des

Tua alls was d'tuast mit Freid und Schwung
und ehrlicher Begeisterung.
Dann geht's gwiß doppelt leicht und guat
und schaffst dir frische Kraft und Muat.
Und damit wieder Freid und Schwung
und wiederum Begeisterung.
So treibt des oa des andre o
und macht oan z'frieden, frei und froh.
So einfach waar des, wenn ma's taat.
Bloß – macha müaßat ma 's halt grad.

Für Leit wia unseroans

Diam mag ma nixn sehng und hörn,
da mag ma bloß sei boarisch Ruah,
da derf oan nix und neambd net störn,
net d'Frau, net 's Deandl, net der Bua.
Doch wenn a Zither leise klingt,
a Gsangl herawaaht,
glei geschiechts, daß's boarisch Herz mitschwingt
und sich die Stimmung wieder draaht.
Dös is für Leit wia unseroans
für d'Nerven Kraft und Lebn.
A Gsang, a Musispui, a kloans,
und alles tuat sich wieder gebn.

Gfreits Eich am Dasei

Gfreits Eich am Dasei und gfreits Eich am Lebn,
es is an jeden ja bloß oamoi gebn.
Seids lustig, fröhlich, scherzts und lachts, denkts dro,
wer woaß, ob ma des morgn no alles ko.
Und laßts an Grant, an Zorn net zu Eich her.
Neid, Eifersucht, de macha 's Leben schwer.
Faßts jeden Tag, wenn's arg werd, frischen Muat
und schaugts net umma, was der andre tuat.
Bloß: Sollt der andre, weil er krank und alt
Eich braucha, nacha – bittschön – helfts eahm halt.
Gfreits Eich, daß gsund seid's und gfreits Eich am Lebn,
es is an jeden ja bloß oamoi gebn.

A winzigs Bleamal

A winzigs Bleamal, ganz alloa
wachst mitten aus'm Felsenstoa.
Ja, wia 's no grad da aussakimmt,
ja, wo's no grad de Kraft hernimmt?

Was braucha mia alls, daß ma wer'n!
Mia nehma ständig und begehrn!
Und 's Bleamal möcht nix, wui nix sei
und blüaht so schö und wunderfei.

Des kloane Lebn zoagt ohne Red,
daß ma zum Dasei, Schönsei net
vui braucht und daß ma d'Lebenskraft
aa aus am ganz kloan Bißerl schafft.

Herbst

Sonna, schein her zu mir,
waarm mi halt auf.
Siehgst, daß i grad no
a wengerl verschnauf.

Wer' di vielleicht no
a Jahr, a zwoa spürn,
nacha wer'n s' mi ganz
woanders hiführn.

Brauch di dann nimmer,
di, mit deiner Gluat.
Jetzt taat dei Wärm mia
so unbandig guat!

Muaßt ja net glei
mit der ganzen Kraft strahln.
Naa! Grad a weng
sollst auf mi runterfalln.

Grad a so, daß mia
net gar so arg kalt,
und i net denka muaß,
alt bin i halt!

Dank dir schö, Sonna!
Ja, wia mia des taugt!
Wia da de Welt glei
ganz anders ausschaugt!

Wia's oan da wohlig werd
in seiner Haut;
daß ma se glei wieder
's Leben lebn traut.

Sonna, schein her zu mir,
waarm mi halt auf.
Siehgst, daß i grad no
a wengerl verschnauf.

Dös Schönste is beim Schifahrn

Dös Schönste is für mi beim Schifahrn
vom Lift weg zu am Hütterl hifahrn
und dort in aller Ruah, alloa,
a Stünderl rasten – oder zwoa.
An Türstock loan i meine Schi,
dann leg i mi aufs Bankerl hi,
traam weit in 'n Himme nei und denk:
Des Lebn ist doch a herrlichs G'schenk.

Koa Winderl geht, koan Muckser hörst!
Weiß-blau da Himme. Ja, da schwörst,
daß 's auf der Welt da nirgendwo,
no schöner, gmüatlicher sei ko.
's Herz geht mia auf – und d'Augn falln zua.
I bin so sorglos wia als Bua.
I fui mi so unendlich wohl,
wia's öfter halt im Lebn sei soll.

A bißl woach werd jetzt der Schnee
und s'Kreiz tuat ma schö langsam weh.
Dös hoaßt: Den staaden Fleck verlassen
und Pisten wieder 'nunter rasen.
I gib mir also einen Ruck,
pack Brettl, schnauf auf d'Pisten zruck
und fahr s' no fünf Mal, Schlag auf Schlag.
's macht mia a Freid, ganz ohne Frag.

Befriedigt aber war i drunt
bloß deswegn, weil i fast zwoa Stund
beim Hütterl drobn, am Holz hibei
’s Glück ganz genossen hab – und des is fei.

Du, ganz alloa

Du muaßt dir ganz alloa dei Lebn z'sammzimmern,
was andre macha, derf di net bekümmern.
Du, ganz alloa, muaßt wissen, was d' gern magst,
denn hernach huifts dir nix, wenns d' di beklagst,
wennst auf de andern schimpfst, auf die ganz Welt
und weil so mancher so vui besser gstellt.
Du muaßt dei Lebn lebn und net Obacht gebn
was d'Nachbarn habn und tean und wonach s' strebn.
Du muaßt dir Z'friednheit schaffa, du alloa,
da brauchst koa Geld dazua, brauchst as bloß toa.
Und fang net morgn erst o, sondern no heit.
Denk dro: Es ist scho allerhöchste Zeit.

Ma geht bloß oamoi durch dös Lebn

Ma geht bloß oamoi durch dös Lebn.
Deswegn: Was d' Guats toa konst, tua's gebn.
Wart net bis morgn, sondern tua's glei;
morgn kon scho all's ganz anders sei.
Koa Stund, koa Tag kimmt oamoi no
z'ruck in dei Lebn, denk oiwei dro.

Wenn's draußen waaht

Wenn's draußen waaht und d' Flocken treibn
und leise d'Nacht eifallt,
is 's guat hinter der Fensterscheibn,
net Angst kriagst, wia im Wald.

Im Ofa knistern Buachascheit
und gebn am Feier Lebn,
mucksmäuserlstaad is 's weit und breit,
koa Stund möchst heragebn.

Am Sofa liegt der Kater Bert,
er hat se einedraaht
und schnurrt, daß man 'n ganz deitle hört –
und traamt dahi schö staad.

Herrgott, is so a Wintertag
abends in der Stubn doch schö.
Vergißt an Ärger, d'Sorgn, d'Plag,
und drauß' liegt weich der Schnee.

So wohl fuit ma sich, so voll Freid,
daß ma wia oft scho denkt:
Daß echtes Glück und Z'friedenheit
doch vom ganz Kloan' abhängt.

Denk net z'vui drüber nach

Manchmal sinnier i so dahi
was war, was is, was wohl no kimmt?!
Wia Zeit verfliagt! Und was für mi
as Lebn no gibt und was 's no nimmt.

s' is guat, daß ma net woaß, was werd.
s' is scho recht eigricht auf der Welt,
sonst machat ma wohl vui verkehrt.
Und überhaupt moan i – waar's gfehlt.

Drum denk net gar z'vui drüber nach
was morgn sei werd und s' nächste Jahr,
sei froh und frei di, scherz und lach.
Und eines Tages is 's halt gar.

Und wieder is a Jahr verflogen

Und wieder is a Jahr verflogn
als hätt's der Wind verwaaht.
Hat's uns was bracht? Hat's uns betrogn?
Hat's hin und her uns draaht?

Es war halt so, wia 's oiwei war;
für den oan guat, für'n andern schlecht.
Net jedsmal is 's verflossne Jahr
so wia ma's wünschen taat und möcht.

Guat, daß der Mensch nix ändern ko
am Schicksal und am Lebn.
Wer gscheit is, nimmt 's wia 's kimmt, so o
und denkt: So is 's! Nehma und gebn.